AF306146

BONAPARTE

ET

ONAPARTISTES

DISCOURS

PRONONCÉ A PAU LE 26 DÉCEMBRE

PAR M. E. PASCAL

Ancien préfet, ancien conseiller d'Etat

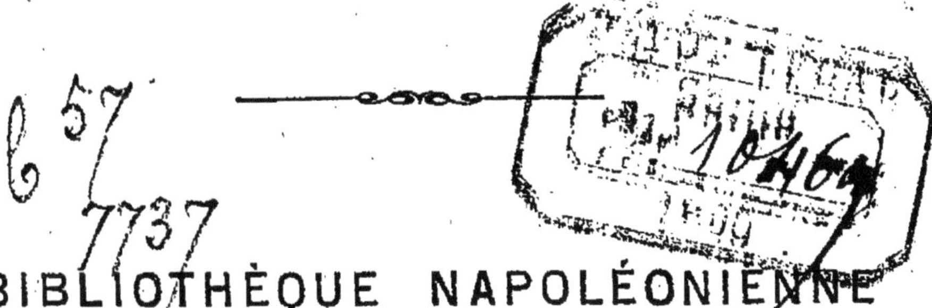

BIBLIOTHÈQUE NAPOLÉONIENNE

VICTOR DAIREAUX, ÉDITEUR

156, RUE DE RIVOLI, PARIS

BONAPARTE

ET

BONAPARTISTES

DISCOURS

PRONONCÉ A PAU LE 26 DÉCEMBRE

Par M. E. PASCAL

Ancien préfet, ancien conseiller d'Etat

Messieurs,

C'est un des signes particuliers de ce temps d'incertitude et de confusion que le sentiment des responsabilités collectives s'affaiblit et s'altère, que chacun s'en dégage au moindre dissentiment et que les questions de conduite et de tactique qui ont été, dans tous les temps, des questions de délibération intérieure, sont agitées ouvertement, publiquement et livrées à toutes les improvisations de la controverse et de la polémique.

J'admire la sincérité des hommes politiques qui mettent ainsi le public dans leur confidence; — je vous demanderai cependant la permission d'être plus discret (Rires approbatifs). A dire vrai, je n'ai pas grand mérite à l'être; car il faut que je vous confesse humblement la stérilité de mon esprit. Je ne suis l'inventeur d'aucune thèse nouvelle, je ne suis l'auteur d'aucun plan de campagne, je ne viens vous révéler aucun nouveau système d'alliances. Non, non, je laisse ces hautes questions à de plus habiles et à de plus avisés que moi, et je me borne tout simplement... à être de mon parti (Très bien! très bien!). C'est là, Messieurs, la nouveauté que je viens vous offrir aujourd'hui. (On rit.)

Et c'est parce que je suis de mon parti, c'est parce que je lui appartiens tout entier que je partage, croyez-le bien, les émotions attristées qu'ont dû vous causer quelques incidents récents sur lesquels vous me permettrez de ne pas insister.

Si je suis ici, dans ce Béarn, dont il suffit de fouler le sol hospitalier pour sentir qu'on est en pays de vieilles franchises et de libre parole, si je suis ici sur le cordial appel de notre excellent et vaillant d'Ariste, si je me suis rendu à l'invitation des hommes dévoués, dont vous vous honorez de suivre la direction et à la tête desquels, je suis heureux de saluer ce vénéré président qui met une noble obstination à ne pas vieillir, car il entend bien saluer, une fois encore, le triomphe de la cause dont il vient de déployer si fièrement le drapeau, ce n'est pas pour vous apporter l'exposé d'une politique personnelle, c'est au contraire, afin de rechercher, entre amis, —permettez-moi de vous donner ce titre —si l'heure ne serait pas venue de tenter un grand et loyal effort pour reconstituer, non le parti, — car, Dieu merci, le parti bonapartiste est resté fidèle, entier, inébranlable et dédaigneux de nos subtilités (oui! oui!), —mais pour reconstituer ce que j'appellerai l'unité historique de la cause napoléonienne; pour faire ce large terrain sur lequel nous pourrions, tous ensemble, avec la diversité de nos tendances, de nos caractères et de nos tempéraments, combattre le bon combat, sous la commune autorité de Celui

que la naissance et la volonté du peuple ont fait notre chef.
(Applaudissements.)

S'il fallait, pour remplir cette tache, une grande autorité,
le talent éprouvé de la parole, le crédit que donne le souvenir des services rendus, je n'aurais pas la prétention de
vous offrir un concours bien utile; mais j'ai, sur ce point,
une idée personnelle que je veux vous soumettre, et qui
me dispense de tous ces titres et de tous ces talents. Je
crois que, pour maintenir l'unité du parti de l'appel au
peuple, pour restaurer parmi nous l'esprit de discipline, il
suffit aujourd'hui de regarder son temps et de lire l'histoire.

Eh quoi, messieurs, l'oligarchie opportuniste nous ramène
aux plus mauvais jours du Directoire, à ses corruptions et
à ses abaissements; un gouvernement médiocre, instrument
servile d'un pouvoir occulte qui ne fuit la responsabilité que
pour préparer plus sûrement sa domination, livre aux passions
d'une majorité inepte, toutes les forces morales de ce grand
pays (Très bien! très bien!). Nous assistons à ce travail de
décomposition lente et progressive qui attaque les fonde-
ments mêmes de cet édifice administratif, politique et social qui, depuis quatre-vingts ans, fait notre force, notre
sécurité, notre grandeur; les principes les plus élémentaires
de toute démocratie sont méconnus, les intérêts du peuple
sont trahis avec cynisme, les droits de l'autorité sont lâche-
ment abandonnés et nous perdrions notre temps à faire de
la stratégie parlementaire, à disserter sur des concours
chimériques, à doser le respect que nous devons à la République, à soupirer sous les fenêtres de M. Dufaure, je ne
sais plus quel libéralisme plaintif dont nos adversaires se
moquent et dont s'alarment nos amis! (Très bien! très bien!)

Mais que sommes-nous devenus que nous ayons perdu à
ce point le sentiment de notre origine et de notre mission?
Est-ce que le réveil audacieux de la Commune, les incorri-
gibles prétentions des royalistes, les niaiseries constitution-
nelles ne marquent pas l'heure de la grande réparation?
Est-ce que nous ne sommes pas les représentants du seul

gouvernement qui ait été consacré directement par le pays?
Est-ce que nous n'avons pas en main, le plus beau de tous
les titres, un titre signé par sept millions de citoyens français? (Applaudissements). Est-ce que cette société ne vit
pas sur notre patrimoine? Est-ce que nous pouvons accomplir
un acte de la vie civile, exercer un droit, défendre un intérêt, sans nous sentir couverts et comme protégés par Celui
dont la gloire a rempli le monde et qui nous a donné tout
ce que la Révolution nous avait promis? Est-ce que ce n'est
pas lui, — lui toujours, — lui partout dont nous retrou-
vons la raison souveraine et le sublime bon sens? (Applaudissements prolongés.)

Ah! puisque après tout il faut sacrifier à l'esprit de son
temps, puisqu'il est convenu que toute opinion doit se per-
sonnifier dans un groupe, pourquoi ne vous proposerais-je
pas de former un nouveau groupe à mon tour; ce sera, si
vous le voulez bien, un groupe ouvert, un groupe immense,
un groupe capable de contenir avant peu la France plébiscitaire tout entière. Et savez-vous, messieurs, à qui nous
en donnerons la présidence? Eh bien, je vous propose d'ac-
clamer, à l'instant, comme l'inspirateur de ce nouveau groupe
national : le Premier Consul Napoléon-Bonaparte, auteur
du plus beau programme qui ait jamais été appliqué et
qu'il suffit de rappeler, pour faire rougir les républicains
de leur impuissance... et quelques-uns de nos amis de
de leurs illusions. (Applaudissements chaleureux.) Ce
sera, si vous le voulez bien, tout le sujet de ce discours.

Je n'ai pas la prétention, et vous ne m'en laisseriez pas
le temps, d'exposer dans son ensemble, cette œuvre consulaire à laquelle un de nos amis, M. Edmond Blanc, vient de
consacrer un beau livre (1) que je vous recommande et qui
devrait être dans toutes les mains; je n'en puis fixer que
les traits principaux. Heureux si ma parole insuffisante

____

(1) *Napoléon Ier, ses institutions civiles et administratives.* — Un vol.
chez Plon.

pouvait inspirer à nos amis, et surtout à nos amis de la presse départementale, si vaillants et si dévoués, la pensée de poursuivre cette œuvre de vulgarisation patriotique qui me paraît être la préface naturelle de la campagne électorale. Oui, messieurs, il serait à souhaiter que dans chaque département, par la plume et par la parole, des hommes dévoués se missent à rappeler tous les jours à ce pays, ce qu'il doit aux Napoléons, à ces Napoléons plus grands encore dans la paix que dans la guerre et sans lesquels la Révolution, prise entre les anarchistes et les émigrés, n'eût été qu'un effroyable avortement. (Très bien, Très bien.)

Car, ne vous y trompez pas; la Révolution a ses pères Loriquet comme l'ancien régime, et le nombre est grand des brochures et des petits livres qui essayent de ravir à l'Empereur sa véritable gloire, pour ne lui laisser que la légende des champs de bataille. Eh bien, ce qu'il faut défendre contre ces pamphlétaires impudents, ce qu'il faut ressaisir avec passion, ce qu'il faut présenter sans cesse aux nouvelles générations, c'est l'œuvre civile de cet homme merveilleux; — c'est là vraiment qu'il est incomparable! (Très bien.) Ne dirait-on pas qu'il a mis comme un suprême dédain, lui, l'organisateur universel, à ne pas nous laisser d'institutions militaires. Contraste curieux qui n'a pas été assez remarqué : le vainqueur du monde n'a touché ni à la marine, ni à l'armée. Pour la marine, il en est resté à l'ordonnance de Colbert, pour l'armée, à la loi de Jourdan, tant il est vrai que la guerre ne fut pour lui qu'un accident, tant il est vrai qu'il ne fit la guerre que pour imposer à l'Europe royaliste, le respect de la Révolution! (Sensation.)

Mais quelle était donc cette France que le Directoire lui livrait après trois coups d'État et trois banqueroutes? L'anarchie était partout; et non seulement cette anarchie matérielle qui est la conséquence naturelle d'un pouvoir affaibli ou discrédité; mais cette anarchie morale qui vient de la confusion des principes et qui fausse tous les ressorts du gouvernement. On pourrait la définir assez justement en disant qu'elle était la souveraineté du peuple morcelée et éparpillée. (Très bien). Le principe électif est systématiquement appliqué à toutes nos institutions. On le trouve dans l'administration, on le trouve dans la magistrature, on le trouve dans les finances, on le trouve un instant dans l'instruction primaire, il est dans l'Église constitutionnelle; et c'est parce qu'il est partout que la responsabilité n'est nulle part. (Très bien très bien.)

Pénétrez un instant avec moi dans la commune telle que la Révolution l'avait faite. Qu'y trouvons-nous d'abord? Un conseil municipal, élu par tous les citoyens actifs. Où donc est le pouvoir exécutif? Il est dans une délégation du conseil qui forme le bureau d'exécution. Au-dessus du conseil et de son bureau se meut le conseil général de la commune qui émane du même corps électoral. En face de ces deux conseils, nous trouvons un maire. Que fait ce maire? On n'en sait rien. Il n'en sait rien lui-même. Il n'administre pas, — c'est le bureau d'exécution. Il ne représente pas le gouvernement, — il n'y a pas de gouvernement. C'est une façon de Grévy municipal, moins bien payé, mais tout aussi inutile (hilarité générale). Enfin au-dessus de ces rouages compliqués plane le procureur-syndic qui est chargé de rappeler tout le monde au respect de la loi. Et de qui tient-il cette mission? Du peuple souverain, comme le conseil municipal, comme le conseil général, comme le maire. Tous ces pouvoirs dérivent de la même origine; ce qui leur donne le droit de s'envoyer promener réciproquement. Vous pouvez être certain qu'ils n'y manquent pas (on rit). Si vous vous en souvenez, c'est en effet ce que fit au 10 août le maire de Paris, Pétion, lorsque le Directoire du département où dominaient encore les modérés le mit en demeure de réprimer l'émeute organisée publiquement par Danton, substitut du procureur syndic (Longue et bruyante approbation).

Eh bien cette organisation difforme et compliquée est le type sur lequel est moulée toute l'administration française. Vous la trouvez au district, vous la trouvez au département. Je sais bien que la Constitution de l'an III modifia ce régime: mais comment? En supprimant la commune pour lui substituer le canton. Ainsi la Révolution oscille entre la commune anarchique et la suppression de la commune. N'est-ce pas l'aveu même de l'impuissance ?

Et maintenant, regardez cette admirable organisation de l'an VIII. Ah ! celle-là porte la griffe du maître ; aussi est-elle encore debout, intacte et respectée. Elle a survécu à toutes nos révolutions, et les fonctionnaires de M. Constant eux-mêmes, ne l'ébranleront pas. Les décentralisateurs, ses pires ennemis, ont été au pouvoir ; qu'ont-ils fait ? — La commission départementale ; une inutilité encombrante. Les républicains sont au pouvoir,depuis bientôt trois ans : qu'ont-ils fait ? Ils ont supprimé deux sous-préfectures ; ce qui par parenthèse nous coûtera 40.000 fr. de plus tous les ans. Voilà ce que font les pygmées quand ils s'attaquent à l'œuvre du géant ! (Très bien, très bien.)

Je conviens que ce ressort puissant, quand il est dans des mains déloyales ou malhabiles presse un peu durement l'opinion ; c'est là l'inconvénient des mécanismes trop précis. Mais que cette oppression dont je connais les ennuis, ne nous rende pas injustes, et surtout qu'elle ne fasse pas de nous des réformateurs imprévoyants. Souvenons-nous des terribles épreuves que l'administration nous a permis de traverser grâce à sa vitalité indomptable. Croyez-moi, tout eut péri dans la tempête, si Napoléon n'avait pas coulé ce bloc de granit, sur lequel est venu se briser le flot. (Applaudissements).

— L'esprit reste confondu devant ce travail de reconstruction qui remplit les premières années de ce siècle et je ne sais rien de plus grand, dans les annales du monde, que le spectacle de cette résurrection. Le mot n'a rien d'excessif, messieurs, quand on étudie de près cette anarchie du Directoire dans laquelle avait glissé la Révolution.

— Je lisais, il y a quelques jours, dans le *Moniteur* du 16 mars 1798, la communication suivante : « Aujourd'hui, les seize municipalités de Paris, ayant à leur tête l'administration centrale du département de la Seine, se sont rendues sur la route d'Orléans pour travailler à la réparation des chemins. »

Comprenez-vous à quelles préoccupations de l'esprit public devait répondre cette manifestation un peu ridicule?

Les routes étaient détruites, et dans nos grandes plaines, elles n'étaient plus tracées que par des ornières profondes dans lesquelles s'aventuraient de loin en loin quelques rouliers. Les transports étaient devenus si difficiles et si onéreux que l'hectolitre de blé doublait de valeur après avoir parcouru 150 kilomètres.

Les impôts ne rentraient pas. Les receveurs élus, par les administrations du district, centralisaient les recouvrements qui s'opéraient par des soumissions au rabais, sur des rôles dressés par les municipalités. C'était la politique dans l'impôt. — Les ressources municipales étaient la proie de l'incurie et de la malversation. On en peut juger par cette dictée irritée de Napoléon à son frère Lucien : « On a volé le chemin vicinal, on a volé le sentier, on a volé les arbres, on a volé l'Église on a volé le mobilier de la commune. » (Sensation.) Les traitements n'étaient plus payés et Français de Nantes cite des départements du Midi ou des fonctionnaires sont morts de faim. C'était le temps où il fallait donner huit mille livres en assignats pour se procurer un louis d'or.

Les ressources de la charité s'épuisent comme les autres. Les hospices ne peuvent plus, avec leurs revenus réduits, suffire aux malades et aux indigents. A Toulon, quatre-vingt malades se partagent sept livres de viande par jour. A Marseille, la mortalité sur les enfants abandonnés, ces enfants que la République avait pris pompeusement sous sa protection est de 94 p. 100. — Voilà comment la République protège! (Sensation profonde.)

Je me borne à effleurer ces détails pour vous permettre de mesurer le champ de cette activité infatigable. Eh bien, on dirait que le cri public qui s'élève de ces désordres, de ces misères, de ces dénûments, fait jaillir la pensée créatrice. Là où tout autre eut pris une mesure de circonstance, là où tout autre eut inventé un expédient, Napoléon fonde, du premier coup, un service public. Cet homme a le génie du définitif; il le crée pour ainsi dire par un mouvement spontané de son esprit. (Applaudissements chaleureux.)

C'est ainsi que l'administration communale, les travaux publics, les mines, les forêts, nos grandes directions financières sont constituées par des lois et des règlements qui sont encore en vigueur ; et ces lois, ces règlements il les improvise quelquefois entre deux victoires, il les dicte ou les corrige aux lueurs du bivouac. C'est entre Eylau et Friedland qu'il jette les bases de notre code de commerce, et c'est en revenant de Tilsitt qu'il se rend au conseil d'État pour y discuter le titre des faillites. (Applaudissements.)

Et cependant, messieurs, cette organisation d'un gouvernement n'est que la moindre partie de sa gloire ; car Napoléon ne fait pas seulement un gouvernement, il fonde une société nouvelle. — Je ne vous parlerai pas du code civil. — Ce discours n'y suffirait pas et je m'exposerais à sortir des limites que je me suis tracées. Mais comment ne pas relever en passant le contraste qui jaillit de cette œuvre immortelle conçue et réalisée avec une rapidité qui donne le vertige. Ici encore quelle stérilité d'un côté, et de l'autre quelle puissance de création !

La Révolution n'avait fait que des promesses. — En 1790 comme en 1793 elle s'était engagée à reviser nos lois civiles et à les mettre en harmonie avec la Constitution. Et puis c'était tout. — Je me trompe, la Révolution avait légiféré quelque peu, et cela lui avait suffi pour déshonorer le mariage, en le réduisant à n'être que le plus précaire des contrats, — pour avilir la famille, en mettant l'enfant naturel sur le même pied que l'enfant légitime ; — pour découronner le père de famille en lui enlevant la libre disposition de ses biens. Voilà quelle était l'œuvre de la Révolution dont quelques pamphlétaires ignorants ont osé dire que Napoléon n'avait fait que codifier les décrets. (Très bien, très-bien.)

Le lendemain du 18 brumaire, le Premier Consul promet un code civil. — Ah ! cette fois, vous pouvez être tranquilles ; la promesse sera tenue. Après quatre mois d'un travail surhumain, les trois commissaires remettent un avant-projet,

et après cent deux séances du conseil d'État, séances la-
borieuses que l'activité de Napoléon prolonge souvent jusque
dans la nuit, le code civil est achevé, — il régit aujourd'hui
la moitié de l'Europe. (Applaudissements.)

Et n'allez pas croire que cette activité foudroyante ne
sache pas accepter les lenteurs de la réflexion. C'est au contraire un des traits saisissants de cette nature, que sa bru-
talité impétueuse se plie, quand il le faut, aux plus sages
atermoiements. Voulez-vous me permettre de vous citer un
souvenir qui me vient à l'esprit?

C'était en 1807 — il s'agissait de constituer le duché de
Varsovie. La Diète envoie à Napoléon des délégués pour lui
demander un délai de trois ans, afin d'assurer l'abolition
du servage. « Trois ans, reprend l'empereur, je ne vous
donne pas une heure » (Applaudissements). Et, en effet, le
code civil est aussitôt promulgué dans les provinces polo-
naises, et c'est ainsi que le servage a été aboli en Pologne
cinquante-quatre ans avant qu'il l'ait été en Russie. Napoléon était passé par là (Bravos). Eh bien, cet homme que le
moindre délai irrite, pour lequel il semble que le temps soit
un ennemi personnel, cet homme chez qui le sentiment du
possible et du réalisable touche à la divination, cet homme
attendra onze ans la rédaction du code d'instruction criminelle, parce qu'il y rencontre une question — la question
du jury — qui trouble son esprit et fait hésiter sa volonté
(Sensation). J'espère, Messieurs, que vous me pardonnerez
cette digression (Applaudissements).

Savez-vous dans quel état informe l'organisation judiciaire était sortie des mains de la Révolution. Je vous l'ai
dit, la magistrature était élective — si on peut toutefois dé-
corer de ce nom ces juges improvisés par le caprice des
électeurs de district. Ils resteront cinq ans sur leur siège,
sous le regard ombrageux de ceux qui les y ont mis, et
Dieu sait ce que deviendra leur indépendance quand s'avan-
cera l'expiration de leur mandat. Si vous avez à vous plain-
dre de leur justice, ne cherchez pas plus haut les garanties
qui vous ont fait défaut. Tous les tribunaux sont égaux.

Si vous voulez en appeler de la première sentence, on vous présentera la liste des sept tribunaux les plus voisins. Vous en récuserez trois — votre adversaire en pourra récuser tout autant ; et vous vous acheminerez tous les deux vers le septième. — L'appel, vous le voyez, n'est pas le recours à une juridiction plus haute ; ce n'est pas une garantie, — c'est un simple déplacement. (On rit.) Par un singulier renversement des principes, l'inamovibilité qui fait défaut au juge a été conférée au ministère public. — La justice criminelle ne vaut pas mieux ; un jury qui accuse, un jury qui juge, un accusateur public élu ! Comprenez-vous une société dans laquelle le droit d'exercer l'action publique est livré aux brigues électorales. — Saluons enfin, saluons au passage, ce pâle fonctionnaire, type étrange, qui suit comme le remords toutes les créations de ce temps-là : le commissaire, de je ne sais plus qui, chargé de veiller platoniquement au respect de la loi. — Voilà, dans ses traits généraux, l'organisation judiciaire que la Révolution nous avait donnée.

Ah ! Messieurs, n'allez pas, je vous en prie, me prendre pour un détracteur de la Révolution française, dont l'œuvre rénovatrice n'a pas d'admirateur plus passionné que moi. Oui, la Révolution avait raison contre l'ancien régime, elle avait raison de briser ce vieux moule de l'organisation judiciaire, elle avait raison de supprimer ces juridictions compliquées et enchevêtrées dont la confusion obscurcissait la justice ; mais l'œuvre de destruction accomplie, quelle stérilité, quelle incohérence, quelle impuissance à fixer et comme à matérialiser ses principes. — Le principe électif appliqué à une institution dont il fausse l'esprit et altère le caractère, une égalité ombrageuse qui supprime toute hiérarchie, l'interversion des rôles et des fonctions, l'inamovibilité appliquée à rebours... Napoléon étend la main sur ce chaos et aussitôt apparaît, dans sa simplicité merveilleuse et dans sa clarté triomphante cette organisation si logique et si parfaite qu'aucun gouvernement n'avait osé jusqu'ici y porter la main.

C'est le propre des institutions consulaires, messieurs, elles sont si bien conçues, si bien adaptées aux besoins de notre société moderne, qu'on perd le sentiment de leur origine et le souvenir du régime qu'elles ont transformé. Elles ont pénétré à ce point dans nos mœurs et dans nos habitudes, elles ont poussé dans notre organisation sociale de si profonde racines, que les améliorations les plus justifiées, celles qu'imposeraient par exemple les progrès matériels et la suppression des distances, ne peuvent pas même désarmer l'esprit de routine. — Ne peut-on pas dire qu'ici la routine est l'hommage que la médiocrité rend au génie. (Applaudissements.)

Et vraiment on est tenté d'excuser la routine quand on considère ce que nous ont coûté nos rares infidélités à l'œuvre consulaire et les tristes suites de nos innovations.

De toutes les créations de Napoléon, il n'en est pas de plus puissante et de plus originale peut-être que cette Université impériale qui embrassait l'enseignement à tous les degrés. J'ai tort de relever son originalité, car ici le Premier Consul est allé puiser courageusement ses inspirations dans le passé, dans ces anciennes universités qui avaient jeté tant d'éclat et dont les traditions, l'esprit de suite, les principes fixes lui paraissaient si nécessaires à ce corps enseignant qu'il avait rêvé, et avec lequel il avait la noble ambition de reconstituer l'unité morale de ce pays dont il étendait tous les jours les frontières. Mais de quel souffle nouveau il sait animer les institutions du passé, quelle hardiesse dans l'imitation, quelle hauteur de vues dans ce plagiat grandiose ! (Bravos.)

Comment, messieurs, c'est cet homme que l'on accuse d'avoir écrasé sous le despotisme de l'Etat toutes les énergies individuelles qui crée ce corps indépendant, qui lui donne sa vie propre, son budget, son gouvernement, sa juridiction. Et c'est la Restauration, la libérale Restauration qui découronne ce grand corps, qui lui enlève toute indépendance, qui substitue au grand-maître un ministre de l'instruction publique et qui réduit l'Université à n'être plus qu'un service public! L'Etat enseignant, il est temps de rectifier cette erreur, l'Etat enseignant n'est pas l'œuvre de Napoléon, — c'est à la Restauration que nous le devons; qu'elle en garde la responsabilité devant l'histoire! (Applaudissements.)

Ah! Messieurs, j'ai fait un beau rêve! Si l'Université impériale, respectée par la monarchie eût été encore debout à l'époque de nos querelles sur la liberté d'enseignement, si elle eût été debout, animée à l'esprit de son fondateur, fidèle au serment par lequel le Grand-Maître jurait dans les mains de l'Empereur d'élever des citoyens « attachés à leur religion, à leur pays, à leur prince et à leurs parents »; comme il eût été facile de détendre les liens d'un monopole qui avait fait son temps. Comme il eût été facile d'organiser la liberté sans que l'Etat se compromît et s'abaissât dans la lutte! Quelle concurrence féconde sous le contrôle impartial de l'Etat désintéressé! Quels déchirements nous eussions évités! Quel relèvement certain du niveau des études dans ces écoles rivales, où nos enfants ne trouveraient plus que les ardeurs d'une saine émulation, au lieu de ces antagonismes irritants qui laisseront au cœur des générations nouvelles le germe d'incurables hostilités. (Très bien! très bien!)

Mais, hélas! ce n'est là qu'un rêve! Nous chercherons longtemps encore et sans y parvenir, à concilier les intérêts de l'Etat enseignant avec la liberté du père de famille et nous payerons chèrement les déviations que la Restauration a fait subir à l'institution impériale.

Il y avait cinq ans que la Convention avait essayé d'organiser l'instruction publique — et c'était à peine si les écoles primaires s'étaient ouvertes sur quelques points. A Paris, la population scolaire n'atteignait pas mille élèves.— Les écoles centrales étaient désertes et n'existaient que sur le papier. Et cependant les essais de toute sorte n'avaient pas manqué. L'école de Mars, dont les élèves, aux termes du décret de création, devaient être recrutés parmi les enfants des *sans-culottes*, n'avait duré qu'un an. — L'école normale n'avait pas vécu davantage. — Les rapporteurs de

la Convention s'épuisaient en conseils attendrissants. L'un
d'entre eux exigeait qu'on enseignât aux enfants la morale
républicaine; — il y a ainsi d'étranges associations de mots.
(Très bien! très bien!) Un autre, plus pastoral, demandait
qu'on apprît aux enfants à aider les vieillards dans leurs
travaux champêtres; — Lakanal, qui n'était pas le premier
venu, Lakanal à qui on prépare, m'assure-t-on, une statue
à l'autre bout de ces Pyrénées, insistait sur la natation; il
espérait que nos enfants y excelleraient au point de pouvoir
un jour prendre l'Angleterre à la nage. (Hilarité générale.)

Mais, hélas! ces beaux conseils ne suffisaient pas à peu-
pler nos écoles — il est facile, en parcourant les procès-
verbaux des conseils généraux, de constater que vers 1800
l'instruction publique était à peu près nulle en France. —
Eh bien, le décret de 1802 fait merveille. Les écoles primaires s'ouvrent dans toutes les communes, les écoles se-
condaires et les lycées voient affluer les élèves. Six mille
bourses sont mises à la disposition du gouvernement et la
population scolaire, qui était déjà de 75.000 élèves en 1806,
dépasse un million, sept ans après. — Voilà le miracle du
Premier Consul. (Applaudissements chaleureux.) C'est là
l'éternelle histoire de ce qu'on pourrait appeler l'épopée
civile du Consulat. La Révolution pose des principes et
Napoléon en fait des réalités. La Révolution décrète l'abolition
de l'ignorance, mais c'est Napoléon qui ouvre les écoles, — la
Révolution proclame l'égalité devant l'impôt : mais c'est Napoléon qui fait le cadastre. — Tout est là. (Applaudissements.)

Je sens, Messieurs, à l'attention croissante que vous me
prêtez, je sens à cette curiosité un peu inquiète qui me
presse et m'enveloppe à mesure que j'avance dans l'examen
de l'œuvre consulaire, que vous vous étonnez peut-être du
silence que j'ai gardé jusqu'ici sur l'acte mémorable qui
rendit à ce pays la paix religieuse, sur ce Concordat qui
ouvrit l'ère des grandes reconstructions sociales et qui nous
apparaît comme le couronnement majestueux de cet édifice dont j'ai entrepris de vous faire admirer les grandeurs.

Je comprends votre curiosité et votre impatience. Le

génie s'épuiserait en effet à régler les institutions d'un grand peuple s'il ne lui assurait pas ces libertés essentielles qui sont comme la source même de la vie intellectuelle et morale. La Révolution avait détruit les institutions du passé, elle piétinait dans l'impuissance, au milieu des débris épars d'une société disparue. Napoléon comprit qu'il fallait jeter du ciment dans cette poussière (Très bien très bien) ; il inaugura son œuvre en fondant la liberté des cultes et, comme l'a dit Portalis, par un de ces mots hardis dont cet esprit mesuré était si avare, en reconciliant la Révolution avec le ciel.

Ne vous offusquez pas de ce mot dont je sais la témérité, ne vous en offusquez pas et souvenez-vous qu'il a été dit par un homme qui fut un ferme chrétien. Je m'en empare à dessein parce qu'il soulève une des plus graves questions de notre temps, parce qu'il provoque un débat que j'ai à cœur de ne pas déserter devant vous. J'aurais garde d'oublier en effet qu'à l'heure où nous sommes, en présence des préoccupations qui assiègent vos esprits et troublent peut-être vos consciences, il importe de traiter à fond cette question religieuse si mal comprise et si odieusement exploitée contre nous. Quant à moi, je mets mon honneur à vous dire sur ce point ma pensée tout entière. (Bruyante approbation.)

On nous accuse, messieurs, d'être un parti d'impies et de mécréants (on rit), et tous les jours, les champions tumultueux de la cause royaliste nous accablent de leur ferveur intéressée. C'est le propre des temps troublés où la politique se mêle à la religion d'encourager ainsi ces tristes spéculations de l'esprit de parti. Eh bien, croyez-moi, nous ne devons plus souffrir plus longtemps ces diffamations outrecuidantes, et l'heure est venue d'établir victorieusement qu'ici, et ici surtout, c'est encore à l'œuvre consulaire, c'est à Bonaparte qu'il faut demander le secret des solutions équitables et des pacifications définitives. (Très bien ! très bien.)

D'où vient l'équivoque pénible entretenue contre nous avec tant de perfidie ; elle vient, n'en doutez pas, de la façon malencontreuse avec laquelle la question des droits de l'État a été posée par les décrets du 29 mars — par ces décrets dont l'application confiée à des ministres ineptes a soulevé le mépris de ceux-là mêmes qui dès le premier jour avaient eu la loyauté d'en reconnaître la légalité.

Quel était le principe invoqué par le gouvernement? — un principe qui est la base même de notre droit public, un principe sans lequel l'Etat ne serait plus le maître chez lui, un principe que tout homme de sens, à quelque parti qu'il appartienne, fût-il même de ceux qui ont contesté la réalité des lois existantes, n'hésiterait pas, s'il avait l'honneur de siéger au parlement, à inscrire au frontispice de cette nouvelle législation vainement sollicitée par mon éloquent ami M. Jolibois (Applaudissements), un principe enfin qu'il suffit d'énoncer pour qu'il s'impose à l'esprit avec l'irrésistible autorité d'un axiome et qui a été formulé ainsi par un homme qui avait toute autorité et toute compétence : « C'est par l'autorité ecclésiastique qu'un ordre religieux existe dans l'Église, c'est par la puissance temporelle qu'il existe dans l'Etat. » (Très bien, très bien.)

Eh bien, ce principe qui n'a été contesté en aucun temps, qui a été successivement appliqué sous la Restauration, sous le gouvernement de juillet et sous le second Empire, ce principe que M. Berryer reconnaissait formellement en 1858, dans une plaidoierie célèbre, ce principe a été invoqué brusquement par le ministère, comme pour se venger de la défaite que venait de lui infliger le Sénat. Je ne serai contredit par personne quand je dirai que si la Chambre haute eut voté l'article 7, le gouvernement aurait laissé en paix les congrégations qui ne se consacrent pas à l'enseignement et dont il n'avait pas à redouter la concurrence. L'application de la loi a pris dès lors le caractère d'une revanche, et c'est un signe de grande faiblesse pour un gouvernement que d'abaisser la loi à être l'instrument de sa colère. (Approbations chaleureuses.)

Je vous le demande, messieurs, que pouvions-nous faire nous, bonapartistes, nous, les fils de 89, nous qui mettons notre orgueil à maintenir dans leur intégrité protectrice les droits de l'État tel que, les Napoléons l'ont constitué; que pouvions-nous faire, si ce n'est reconnaître que le gouvernement en imposant aux congrégations l'obligation de se munir de l'autorisation des pouvoirs publics, était resté dans les limites rigoureuses de son droit.

Ah! je sais bien qu'une nouvelle école politique s'est formée depuis peu qui, sans rompre ouvertement avec le parti de l'Appel au peuple, essaye de pénétrer dans la République et d'y organiser la résistance au nom de je ne sais plus quel libéralisme indéterminé qui n'est qu'une pâle réminiscence de l'union libérale et qui est destiné à avoir le même succès. Gardons-nous, messieurs, de nous confondre avec ces tacticiens raffinés et compliqués qui veulent nous ramener aux chimères et aux naïvetés du centre gauche Ce n'est pas sous de tels travestissements que le pays ira nous chercher quand sonnera l'heure des salutaires retours. Les révolutions ont semé sur la route des siècles de grands partis qui ont leur physionomie propre, leur mission spéciale et dont le retour répond à des exigences qui se renouvelleront périodiquement dans ce malheureux pays, jusqu'au jour où l'un de ces partis saura dégager la formule définitive du gouvernement de la démocratie. Nous avons l'orgueil d'être de ce parti-là. Eh bien, ne regrettons pas d'être restés nous-mêmes, c'est-à-dire des Napoléoniens sincères et conséquents. Ne regrettons pas que celui qui tient dans ses mains le drapeau des Bonaparte ait, par un acte dont on reconnaîtra un jour la haute portée, rompu avec les tenants de l'ancien régime, dont l'un des plus autorisés, M. de Charrette, vient d'affirmer hautement la nécesssité d'une religion d'État.

Nous venons d'assister, nul ne le contestera, à une campagne politique, conduite par des hommes de parti, par les hommes du drapeau blanc. Eh bien, les bonapartistes n'avaient pas leur place marquée dans de tels combats. Et si on en pouvait douter, il suffirait de lire la déclaration des congréganistes si utilement commentée à la tribune du Sénat par M. de Freycinet, il suffirait de lire la lettre du pape Léon XIII, dont la *République française* elle-même a dû reconnaître la modération, pour voir ce que ces compromissions dont nous avions le devoir de nous dégager, causent de justes alarmes à ceux qui sont préposés à la défense des intérêts religieux. (Sensation.)

Où en sommes-nous aujourd'hui? — Les décrets ont été appliqués; ils l'ont été à coups de hache et à coups de baïonnette, comme par des belligérants; le gouvernement a livré successivement aux radicaux qui l'assiègent les ordres enseignants, les ordres prêcheurs, et ces religieux qui se consacrent à la vie agricole ou contemplative et qui, étant voués au silence, ne devaient pas, me semble-t-il, dire beaucoup de mal du gouvernement. (On rit.)

Un républicain qui a beaucoup d'esprit, on en peut trouver, —à la condition de ne pas les chercher dans le ministère (hilarité)—M. Camille Pelletan comparait, il y a quelque temps, les exécutions successives par lesquelles le Gouvernement achetait la sécurité de chaque jour, à ces œufs enchantés que, dans je ne sais plus quel conte merveilleux, une fée bienfaisante offre à une jeune princesse qu'elle couvre de sa protection. A chaque mésaventure, la princesse casse un œuf et le péril est conjuré. — Messieurs, le Gouvernement a cassé tous ses œufs (hilarité générale) et le radicalisme conséquent, qu'il a cru apaiser et dont il n'a fait qu'exciter les ardeurs, l'accule aujourd'hui à la séparation de l'Eglise et de l'Etat et à la suppression du budget des cultes. — Eh bien, je ne crains pas de dire que notre heure est venue. Ce combat est vraiment le nôtre (Très bien! très bien!), et nous ne devons laisser à aucun parti l'honneur de le livrer sans nous. — « Lorsqu'on demandera la suppression du budget des cultes, a écrit le prince Napoléon dans sa lettre du 5 avril, je m'y opposerai. » L'engagement a été pris, il sera tenu. Nous voilà donc conduits à défendre, sur le terrain du Concordat, cette liberté religieuse dont on nous accusait d'avoir déserté le drapeau. Quant à moi, Messieurs, et dans la faible mesure de mes forces, vous pouvez être certains, que je n'y faillirai jamais. (Salves d'applaudissements.)

Avant d'examiner ce Concordat dont tout le monde parle et que si peu de personnes ont pris la peine de lire et d'étudier, permettez-moi de poser la question dans ses termes les plus généraux.—Qu'avons-nous le droit d'exiger, nous catholiques, de tout gouvernement qui prétend sauvegarder loyalement la liberté religieuse?

L'Eglise n'est pas, comme on semble l'indiquer quelquefois, la simple aggrégation de citoyens unis par les liens d'une croyance commune et professant leur croyance sous la garantie du droit commun. On a beaucoup parlé des libertés de droit commun dans ces derniers temps, à propos de l'application des décrets, et ceux qui les ont invoquées paraissent avoir fait bien bon marché du régime particulier qui a été établi par la transaction de 1801 et dont j'estime que l'Eglise comme l'Etat a tout intérêt à maintenir les stipulations. Je me permettrai de dire à ces défenseurs imprudents qu'ils ont fourni aux partisans de la séparation des armes bien redoutables.

L'Eglise, messieurs, est une Société religieuse qui a son sacerdoce, sa hiérarchie, sa discipline et son gouvernement. Nous avons, aux termes des conventions qui ont été faites, le droit d'exiger que le sacerdoce soit honorablement rétribué, que le culte soit libre et qu'aucune entrave ne soit apportée, par le pouvoir civil, au gouvernement spirituel des âmes. Je pose la question, vous le voyez, avec une netteté absolue; car il importe qu'il n'y ait ici ni équivoque, ni réticence, ni malentendu ; sur ces points-là, il faut que ceux qui aspirent à gouverner ce grand pays le sachent bien, tout catholique, à quelque parti qu'il appartienne, si hostile qu'il puisse être à ce qu'on est convenu d'appeler le cléricalisme et à ses prétentions, tout catholique a le devoir rigoureux de se montrer intransigeant. (Très bien.)

C'était, il y a quatre-vingts ans, un problème redoutable que celui qui consistait à enchâsser pour ainsi dire dans l'Etat tel que la Révolution l'avait fait, c'est à dire dans un Etat laïque et indifférent, une société si puissante et si fortement organisée. Le problème était d'autant plus difficile que l'Eglise, dont la Révolution venait de briser l'organisation politique, avait exercé une longue domination, que le culte catholique était le seul dont l'exercice public fût autorisé depuis un siècle, que les institutions religieuses avaient toujours été étroitement liées aux institutions civiles et politiques, que le clergé avait été le premier ordre dans l'Etat et qu'il avait possédé de grands biens dont il venait d'être dépouillé.

Telle était, messieurs, la tâche redoutable qui s'imposait au Premier Consul. Je sais bien qu'elle pouvait lui apparaître par des côtés plus faciles et j'appelle sur ce point toute votre attention. Napoléon se trouvait en face de destructions qui n'étaient pas son œuvre et dont on le suppliait de tirer parti. — Les catholiques, lui disait-on, n'étaient pas exigeants ; ils étaient déchirés par le schisme ; les prêtres étaient divisés en assermentés et en non assermentés. Les lois révolutionnaires n'avaient pas été abrogées, mais l'esprit de tolérance avait fini par désarmer les persécuteurs. La plupart des édifices religieux avaient été rendus aux municipalités qui les prêtaient alternativement aux différents cultes, et sur quelques points, les catholiques pouvaient, en sortant de la messe, rencontrer des fidèles d'un nouveau genre, qui venaient, dans le temple commun, pour y chanter les louanges du Dieu des théophilanthropes, — Dieu bon enfant d'ailleurs et d'humeur facile, car il se laissa supprimer un jour par une simple circulaire du ministre de la police. (On rit.)

Ah ! messieurs, quelle tentation pour cet homme que la gloire avait investi de la toute-puissance, qui appartenait à l'école philosophique, que la Révolution animait de son souffle et de son esprit, quelle tentation pour ce général victorieux, devant lequel la nature semblait abaisser les obstacles, qui du bout de son épée traçait les frontières de la nouvelle Europe, quelle tentation de pénétrer dans ce monde des âmes et d'y porter les bornes de son pouvoir ! Les uns lui conseillaient d'élever, sur ces ruines, un nouveau culte qui serait plus conforme aux mœurs de la liberté républicaine, les autres l'engageaient à adopter le protestantisme ou à constituer tout au moins le catholicisme à l'état de religion nationale avec un patriarche ou un primat, affranchi de l'influence d'un souverain étranger ; d'autres enfin, plus modérés, inclinaient à régulariser la tolérance et à donner à toutes les croyances la liberté et la sécurité du droit commun.

Eh bien ! c'est là qu'éclate, dans toute sa puissance, la clairvoyance de ce pacificateur de génie. Napoléon comprend que ces ruines ne sont qu'apparentes, et que, si la Révolution a brisé l'organisation politique de l'Eglise catholique, elle n'a porté aucune atteinte à cette union des âmes, dont la force morale peut défier son bras victorieux ; il saisit les dangers d'une religion nationale et de la confusion du pouvoir spirituel et temporel dans un pays déchiré par les partis ; avec cette équité maîtresse d'elle-même, qui est le don particulier du génie d'organisation, il sait dégager la religion de ce qui est l'œuvre du temps et des hommes pour remonter aux sources mêmes de cet enseignement sublime qui respecte toutes les formes de gouvernement et commande le respect des pouvoirs établis ; il comprend que si ce pays a horreur de toute théocratie, s'il ne veut à aucun prix d'une religion dominante et exclusive, il ne répugne pas, ce qui vaut mieux pour tous, pour l'Etat comme pour l'Eglise, à voir la religion placée sous l'égide des lois qui garantiront à tous les citoyens les biens spirituels qu'ils peuvent s'en promettre, comme elles leur garantissent la sécurité de leurs personnes et de leurs propriétés.

Loin d'avoir pour ce chef étranger cette suspicion ombrageuse de ceux qui l'entourent, il pressent au contraire, le parti qu'il peut tirer de cette autorité qui lui donne un moyen légal et canonique d'établir la paix religieuse, et de mettre fin à ces dissensions théologiques dont le caractère violent inspire déjà de justes alarmes à sa politique... Je me sers à dessein des termes mêmes de Portalis, dans cet admirable rapport qu'il faut lire et relire, comme le témoignage éloquent de la pensée intime du Premier Consul.

Napoléon, plus grand ce jour-là que dans l'éclair de la victoire, s'affranchit de l'esprit de son temps, il domine ses sentiments personnels et, comme l'a dit Lacordaire en parlant des caractères mêmes du génie, il sait ne pas s'arrêter à la superficie des choses pour aller au fond en surprendre les réalités cachées, — et repoussant de son brusque dédain tous ces libres penseurs, tous ces anciens jacobins qui sont devenus ses compagnons d'armes et ses courtisans, il va droit au Pape et traité avec lui (bravos chaleureux), et Portalis ajoute qu'il ne traite pas avec un souverain étranger, mais avec le chef de l'Eglise universelle, dont les catholiques de France font partie.

Voilà le Concordat (triple salve d'applaudissements), c'est la reconnaissance explicite de l'Eglise et de sa hiérarchie. Ce n'est pas l'Etat dans l'Eglise, ce n'est pas l'Eglise dans l'Etat, c'est l'Eglise acceptant de l'Etat une situation digne d'elle et reconnaissant en échange la société nouvelle issue de la Révolution. (Très bien ! très bien !)

Car il ne faut pas l'oublier, messieurs, l'Eglise a pris des engagements, dont l'exécution est la source même de son droit ; et si j'avais assez d'autorité pour que ma parole puisse être entendue des catholiques de France, je les supplierais de ne pas échanger un droit formel, précis, positif contre les incertitudes du droit commun. J'aimerais traiter à fond ce point capital et vous confier toutes mes alarmes. Je le ferai à la première occasion, si, comme je le souhaite, les bonapartistes estiment qu'il est bon de poursuivre cette campagne, et de multiplier les réunions pour y discuter cette grave question.

Pour aujourd'hui, je me borne à dire ceci : il ne suffit pas d'avoir le Concordat sur les lèvres, il faut encore en accepter l'esprit ; il ne suffit pas d'en recueillir les avantages, il importe de n'en pas décliner les obligations. Il ne faut pas oublier que le Premier Consul, en même temps qu'il assure à l'Eglise ce grand bienfait, stipule pour l'Etat avec une fermeté inflexible. Il impose le serment aux membres du clergé, il obtient que le prêtre à l'autel priera pour le salut de la République, il assure la sécurité des biens du clergé en obtenant du pape qu'il les tiendra désormais pour des propriétaires incommutables, et après avoir donné aux évêques les moyens de recruter et d'instruire les ministres du culte, il dissout tous les ordres religieux, se réservant ainsi d'autoriser plus tard ceux qui ne paraitraient pas constituer une menace ou un danger pour la sécurité de l'Etat. (Très bien ! très bien !)

Ah ! messieurs, je ne sais pas, je ne veux pas savoir si la tentation de faire de l'Eglise l'instrument de sa toute-puissance a traversé l'esprit du Premier Consul. Mme de Staël l'a dit et l'a redouté ; mais ce n'est à Mme de Staël que nous devons emprunter nos jugements. Ne gâtons pas cette œuvre mémorable, en mêlant à sa conception des sentiments si intéressés. N'abaissons pas le géant aux proportions d'un politique vulgaire. (Très bien ! très bien !)

Vous êtes-vous demandé quelquefois ce que serait devenue dans ce pays la paix religieuse, la paix sociale, si, pour notre malheur, le succès des armées étrangères eût ramené les Bourbons sur le trône, avant que l'œuvre consulaire eut été accomplie, avant que le Premier Consul, selon la forte expression du prince Napoléon, eût « rendu 89 invincible ! » Voyez-vous ce clergé de cour dont Lacordaire, dans un de ses plus beaux mouvements oratoires, a flétri les abaissements, rentrant en victorieux dans ses riches prieurés et dans ses abbayes opulentes ? voyez-vous la théocratie triomphante, reprenant possession de ces ruines ? voyez-vous ces agriculteurs arrachés à leur charrue et poursuivis comme des spoliateurs et des sacrilèges, et ne pensez-vous pas, — je pose la question à tous les hommes de bonne foi, — ne pensez-vous pas que la Révolution eût trouvé, dans l'exaspération de la défaite, les sauvages énergies des plus mauvais jours, si Napoléon n'eût pas été là pour être son maître, son guide et son régulateur ? (Très bien ! très bien !)

Oui, messieurs, les Napoléons sont les régulateurs nécessaires de la Révolution française ; ils le sont non seulement en vertu des titres que je viens d'énumérer, mais aussi parce qu'ils représentent la seule forme de gouvernement qui s'applique exactement à notre démocratie, la seule qui puisse sauvegarder ses droits, protéger ses intérêts, la seule qui réponde vraiment à ses aspirations. (Applaudissements.)

J'aurais voulu traiter à fond devant vous cette question de doctrine ; mais les développements imprévus que j'ai donnés à la question religieuse m'obligent à me restreindre et à me limiter.

Combien de fois, au lendemain de ces commotions soudaines qui changent la forme du gouvernement, n'avez-vous pas entendu dire, par les révolutionnaires de la veille, devenus les conservateurs du lendemain : « La Révolution est terminée. » Ce qui équivaut à ceci : « Nous sommes casés ; laissez-nous tranquilles. » (On rit.) Eh bien ! non, messieurs, la Révolution n'est pas terminée, parce qu'il est de sa nature de ne l'être jamais. C'est le péril et l'honneur des sociétés modernes qui ne connaissent pas les mornes sécurités du prolétariat servile, d'être perpétuellement stimulées par la question sociale, cette question sociale que M. Gambetta peut nier après s'en être servi, mais qui n'en reste pas moins comme attachée à leurs flancs. Oui, sans doute, l'œuvre destructive de la Révolution est terminée. L'ancien régime est mort et bien mort ; mais notre démocratie, qui est sortie du grand élan social de 89, suit une marche ascensionnelle, sous l'action de forces constantes qu'il faut régulariser et coordonner, si nous ne voulons pas provoquer périodiquement d'effroyables effondrements.

On a dit, et avec raison, que la démocratie était la poussée d'en bas ; — mais c'est en calculant la force des diverses poussées que l'architecte assure la stabilité de l'édifice. Et, tenez, quand vous passerez à Bordeaux, faites-vous expliquer par un homme de l'art, le procédé ingénieux avec lequel l'architecte Louis a assuré la solidité de cette belle colonnade du grand théâtre. Il n'avait pas pour placer au-dessus de ces colonnes, ces beaux monolithes avec lesquels les anciens faisaient leurs entablements. Les matériaux plus petits l'obligeaient à construire des voûtes plates dont la pression eut à coup sûr compromis son œuvre, si par une coupe savante, qui est considérée comme un trait de génie, il n'avait pas retourné la poussée sur les murs latéraux de l'édifice. Eh bien, faisons comme l'architecte Louis, messieurs, retournons la poussée démocratique sur les assises d'un gouvernement national et fort. (Applaudisments.)

Les parlementaires nous proposent de résoudre le problème à l'étude d'un pouvoir exécutif irresponsable, instrument passif d'une majorité dont les ministres ne relèvent que d'elle et n'ont d'autre mission que de gouverner en son nom et à son profit. — On appelle cela je crois le gouvernement du pays par le pays. (On rit.)

Ah ! messieurs, qui nous délivrera de ces plagiaires ? Quand consentirons-nous à reconnaître enfin, qu'en Angleterre, où ce régime fonctionne avec éclat, le gouvernement parlementaire est le résultat d'une lutte séculaire entre les Communes et la Couronne dont le Parlement a successivement limité la puissance sans jamais en contester le droit. Deux partis, animés d'un esprit différent mais unis dans un même respect, s'y disputent le pouvoir, et si vive que soit leur compétition, ils savent s'incliner tour à tour devant des traditions communes qui leur tiennent lieu de Constitution.

Mais, en vérité, transporter ce mécanisme dans notre démocratie, — choisir un avocat de troisième ordre, — par une majorité de quelques voix, le sacrer irresponsable pour sept ans, — croire que les partis vont s'incliner devant cette fiction puérile, compter que les ministres qui disposent de cent mille emplois n'auront d'autre souci que de dégager l'opinion du pays et de s'incliner respectueusement devant elle ! N'est-ce pas de l'insanité pure ? (Très bien ! très bien !)

Convenons-en, messieurs, les radicaux sont plus logiques. Puisque le peuple est souverain, disent-ils, c'est qu'apparemment il est capable de se gouverner lui-même;

et si une nation de trente-six milions d'âmes ne peut pas pratiquer le gouvernement direct, elle peut du moins nommer des représentants qui gouvernent en son nom, par un pouvoir toujours révocable par la Chambre. C'est le système auquel M. Grévy a donné son nom, — rien que son nom; car il en pratique un autre qui est plus commode... et plus lucratif. (Hilarité générale.)

Eh bien ! nous ne sommes ni avec les parlementaires, ni avec les radicaux. (Très bien! très bien!)

Nous ne sommes pas avec les parlementaires, parce que leur république est la confiscation de la souveraineté nationale ; parce que ce régime aboutit fatalement à l'oligarchie législative, la pire des oligarchies, dans laquelle le député n'a plus qu'une préoccupation, assurer sa réélection, en entretenant sa clientèle, en alignant ses agents au râtelier du budget, de ce budget dont notre ami Haentjens, avec son implacable spécialité, vient d'éclairer les mystères, en réduisant l'administration à n'être plus que l'instrument avili de ses amis. C'est l'électorat censitaire avec moins d'indépendance, — et plus d'appétit. (Très bien! très bien!)

Nous ne sommes pas avec les radicaux parce que le pouvoir exécutif soumis au caprice d'une assemblée, c'est l'instabilité même — parce que ce système compromet tous les intérêts permanents du pays en supprimant un des éléments essentiels du progrès, — l'esprit de suite et de continuité, parce qu'enfin la Convention a fait ses preuves et qu'elle n'a laissé dans l'histoire qu'une traînée de sang. (Applaudissements.)

Nous croyons que, dans notre démocratie, dans laquelle il n'y a pas à proprement parler, de partis politiques, qui passe alternativement de l'apathie à la violence, qui est tour à tour révolutionnaire à l'excès ou gouvernementale jusqu'à subir le gouvernement que vous voyez, il faut un ressort assez puissant pour réprimer la révolution quand elle est menaçante et assez actif pour stimuler l'opinion quand elle tombe dans l'indifférence et dans la routine. — Ce ressort, messieurs, c'est un pouvoir exécutif élu par le peuple et responsable devant lui.

Nous croyons que les Chambres doivent voter l'impôt, les lois d'administration et de finances, étudier les grandes réformes sollicitées par l'opinion, faire entrer dans le domaine de la loi toutes les améliorations, tous les progrès dont l'expérience démontre l'utilité; mais nous croyons qu'il y a folie à les associer à tous les détails du gouvernement et de l'administration, et que le seul moyen de mettre un terme à cette confusion qui est le caractère essentiel de l'anarchie parlementaire dans laquelle nous périssons, c'est de faire dériver le chef du gouvernement de l'élection plébiscitaire! « Empereur, consul, soldat, je tiens tout du peuple, » a pu s'écrier un jour Napoléon. — « Le prince, a dit Mirabeau, est le représentant perpétuel du peuple. » — « Le premier représentant de la nation, disait le *Moniteur* de 1808, c'est l'Empereur. » (Applaudissements.)

C'est là, messieurs, le principe fondamental de la doctrine napoléonienne, celui dont il importe avant tout de poursuivre l'application par les moyens légaux que la République a mis dans nos mains; et de tous ces moyens, il n'en est pas de plus sûr et de plus efficace que le droit de reviser cette constitution ridicule. (Très bien, très bien.)

Ah! je sais bien que les délicats de l'école libérale et parlementaire vont nous accuser de ramener ce pays au césarisme. — Césariens! on croit avoir tout dit quand on nous a décoché ce mot dont on voudrait bien faire une injure. — Eh bien! le mot ne m'alarme pas. Je le retiens au contraire comme un honneur, si on entend par là, rappeler ce gouvernement qui sut, avec trente légions, assurer pendant plus de quatre cents ans la sécurité à cent vingt millions d'hommes (Sensation), et cela comme le démontrait, il y a peu de temps un historien éminent, M. Fustel de Coulanges, par la seule force de son organisation. Mais je repousse avec indignation cette érudition frelatée qui essaye d'assimiler notre démocratie à la société antique et à ses abjections, je tiens pour le dernier des ignorants celui qui essayerait de comparer au César romain, qui était à la fois proconsul, tribun du peuple, censeur et grand pontife, c'est-à-dire maître à la fois des biens, de la vie et de la conscience de ses sujets, nos Napoléons plébiscités par sept millions de citoyens libres, et dont le plus beau titre à notre reconnaissance, ainsi que je viens de le démontrer, est d'avoir fondé et réglementé cette société civile dont les principes font notre sécurité et notre dignité.(Applaudissements chaleureux.)

Mais en vérité, est-ce nous qui ouvrons à la démocratie ces voies césariennes? N'est-ce pas elle, au contraire, qui nous y entraîne comme malgré nous? Voyez ce qui se passe depuis un an? Est-ce que la démocratie, depuis qu'elle a échappé aux tuteurs du septennat, n'obéit pas à la loi même de sa nature? Est-ce qu'elle n'est pas à la recherche d'un homme? Est-ce qu'elle n'est pas véritablement en quête d'un César? (Très bien! très bien!) Est-ce que cette omnipotence qui se dérobe et qui se dissimule n'est pas l'éclatante démonstration de la nécessité qui s'impose à notre société égalitaire et centralisée? Et puisqu'il faut déchirer les voiles et prononcer les noms, est-ce que M. Gambetta n'est pas le candidat désigné du futur plébiscite? Est-ce que le régime parlementaire n'est pas mort? Est-ce que le gouvernement des assemblées n'est pas aussi discrédité dans le pays que les Bourbons de toutes les branches? Est-ce que le jour où un homme émergera de cette majorité médiocre et servile, cet homme ne sera pas le maître du suffrage universel? (Sensation.)

Ah? je sais bien que son règne sera de courte durée. La démocratie, rougissant de son maître, retrouvera bientôt dans le souvenir de ses grandeurs et de ses prospérités passées le sentiment des vraies conditions du pouvoir. Elle comprendra qu'il faut être de plus haute taille pour gouverner ce grand pays; elle demandera à mettre une réalité à la place de cette ombre, et la réalité, messieurs, c'est celui qui porte ce nom magique sacré par l'histoire pour cette mission de salut. (Très bien, très bien.)

Que M. Gambetta monte donc au rang suprême; nous l'attendons à cette heure décisive; qu'il y monte donc et sans tarder, — car c'est à lui qu'il appartient de hâter le jour, où le pays aura à choisir, entre un César de pacotille — et l'héritier des Napoléons! (Longs et bruyants applaudissements. L'orateur reçoit les félicitations de toutes les personnes qui sont sur l'estrade.)